BEI GRIN MACHT SICH IHR WISSEN BEZAHLT

- Wir veröffentlichen Ihre Hausarbeit, Bachelor- und Masterarbeit

- Ihr eigenes eBook und Buch - weltweit in allen wichtigen Shops

- Verdienen Sie an jedem Verkauf

Jetzt bei www.GRIN.com hochladen und kostenlos publizieren

Bibliografische Information der Deutschen Nationalbibliothek:

Die Deutsche Bibliothek verzeichnet diese Publikation in der Deutschen Nationalbibliografie; detaillierte bibliografische Daten sind im Internet über http://dnb.d-nb.de/ abrufbar.

Dieses Werk sowie alle darin enthaltenen einzelnen Beiträge und Abbildungen sind urheberrechtlich geschützt. Jede Verwertung, die nicht ausdrücklich vom Urheberrechtsschutz zugelassen ist, bedarf der vorherigen Zustimmung des Verlages. Das gilt insbesondere für Vervielfältigungen, Bearbeitungen, Übersetzungen, Mikroverfilmungen, Auswertungen durch Datenbanken und für die Einspeicherung und Verarbeitung in elektronische Systeme. Alle Rechte, auch die des auszugsweisen Nachdrucks, der fotomechanischen Wiedergabe (einschließlich Mikrokopie) sowie der Auswertung durch Datenbanken oder ähnliche Einrichtungen, vorbehalten.

Impressum:

Copyright © 2011 GRIN Verlag, Open Publishing GmbH
Druck und Bindung: Books on Demand GmbH, Norderstedt Germany
ISBN: 9783668262928

Dieses Buch bei GRIN:

http://www.grin.com/de/e-book/336616/die-auseinandersetzung-mit-kants-schoenheitsbegriff-in-schillers-kallias

Danielle Ackermann

Die Auseinandersetzung mit Kants Schönheitsbegriff in Schillers "Kallias oder über die Schönheit"

GRIN Verlag

GRIN - Your knowledge has value

Der GRIN Verlag publiziert seit 1998 wissenschaftliche Arbeiten von Studenten, Hochschullehrern und anderen Akademikern als eBook und gedrucktes Buch. Die Verlagswebsite www.grin.com ist die ideale Plattform zur Veröffentlichung von Hausarbeiten, Abschlussarbeiten, wissenschaftlichen Aufsätzen, Dissertationen und Fachbüchern.

Besuchen Sie uns im Internet:

http://www.grin.com/

http://www.facebook.com/grincom

http://www.twitter.com/grin_com

Inhalt

1 Einleitung 2
2 Das Urteilsvermögen und dessen Lokalisierung 2
3 Schillers ästhetisches Modell 4
4 Schlusswort 11
5 Quellenangabe 14

1 Einleitung

Die Briefe, die Schiller seit dem Jahre 1791 an Körner verfasste, bringen zum Ausdruck, wie sehr Schiller die Kantische Schönheitslehre zu beschäftigen schien. Er fühlte sich in Kants Kritik der Urteilskraft ein und setzte sich intensiv mit seiner Philosophie auseinander. In Kants Schrift, ebenso wie in seinen beiden Kritiken der praktischen und reinen Vernunft, geht es um die Voraussetzungen menschlicher Erkenntnis. Dabei stellt sich Kant die Frage, ob ein allgemeingültiges Geschmacksurteil möglich sein kann und unter welchen Bedingungen das Schöne überhaupt zu erkennen ist, wobei er zu der Erkenntnis gelangt, dass das Schöne als solches nur subjektiv wahrgenommen werden kann. Schiller hingegen geht es weniger um das „Wie", als viel mehr um das, wodurch sich das Schöne definiert. Er ist daran interessiert, ein objektives Prinzip zu finden, welches dem Geschmacksurteil zu Grunde liegt und sich auf bestimmte Merkmale der schönen Gegenstände zurückführen lässt. Er geht im Gegensatz zu Kant von einem objektiven Prinzip aus, das er in enger Verbindung von Schönheit und Freiheit sucht.

Diese Auseinandersetzung Schillers mit Kants Schönheitsbegriff spiegeln sich im Briefwechsel mit Körner wieder, der unter dem Namen Kallias bekannt ist. So werde ich auf diese Briefe im Folgenden näher eingehen. Zunächst möchte ich mich der Frage nach der Lokalisierung des Urteilsvermögens widmen: Ist das Urteilsvermögen Teil der theoretischen oder Teil der praktischen Vernunft? Daraufhin werde ich Schillers ästhetisches Modell genauer beleuchten, indem ich die Freiheit als Form der praktischen Vernunft, den Prozess des ästhetischen Urteils und die Autonomie in der Erscheinung thematisiere. Des Weiteren möchte ich im Anschluss auf den Zusammenhang zwischen Zweckmäßigkeit und Schönheit hinweisen, bevor ich abschließend noch einmal auf wichtige Aspekte eingehen und diese zusammenfassen werde.

2 Das Urteilsvermögen und dessen Lokalisierung

Einer der wesentlichen Punkte, in denen Schiller Kant widerspricht, ist die Lokalisierung des Urteilsvermögens. Kant teilt in seiner Transzendentalphilosophie die Gebiete der Philosophie in das der theoretischen und das der praktischen Vernunft. In seiner *Kritik der* *reinen Vern*unft beschäftigt er sich mit dem Verstand und mit dem Problem des Erkennens überhaupt. Er nennt diesen Teil seiner philosophischen Erörterung Naturphilosophie, weil sie mit reinen Verstandes- oder Naturbegriffen operiert und sich auf die Natur, das heißt auf die Sinnenwelt, bezieht, welche den Gesetzen der Kausalität unterworfen ist. Dort lokalisiert er das Erkenntnisvermögen, das der Gesetzgebung des Verstandes unterstellt ist. In der *Kritik der praktischen Vernunft* behandelt er Fragestellungen der Ethik, des Wollens und des Handelns. Er nennt diesen Teil die Moralphilosophie. Hier sind es die Freiheitsbegriffe, die maßgeblich sind, denn die praktische Vernunft bezieht sich auf das Reich des Intelligiblen, in welchem der Mensch vollkommen frei, das heißt nur seinen eigenen Gesetzen – den Gesetzen der Vernunft - unterworfen, ist. Das zugehörige Vermögen bezeichnet er als Begehrungsvermögen. Doch neben diesen beiden Vermögen erkennt Kant noch ein weiteres: „Allein in der Familie der oberen Erkenntnisvermögen gibt es doch noch ein Mittelglied zwischen dem Verstande und der Vernunft. Dieses ist die Urteilskraft."[1] Wenn also der Verstand der Sitz der Erkenntnis ist, die Vernunft der Sitz des Willens und des Handelns, dann ist die Urteilskraft der Sitz des Gefühls. Kant schreibt ihr das *Gefühl der Lust und Unlust* zu, das zwischen dem Erkenntnisvermögen und dem Begehrungsvermögen besteht. Die Urteilskraft „ist das Vermögen, das Besondere als enthalten unter dem Allgemeinen zu denken."[2] Dabei kann sie *bestimmend* sein, sofern sie vom Allgemeinen ausgeht und das Besondere darunter einordnet, oder auch *reflektierend*, wenn sie zu dem Besonderen das Allgemeine finden soll. Während sich die bestimmende Urteilskraft der Gesetze des Verstandes bedient, benötigt die reflektierende ein eigenes Prinzip: nämlich das Prinzip der „Zweckmäßigkeit der Natur in ihrer Mannigfaltigkeit."[3] Da diese Prinzipien nur durch die Anwendung von Begriffen denkbar sind, ordnet Kant die Urteilskraft – zwar als eigenständiges drittes Vermögen, aber dennoch - der theoretischen Vernunft zu. Hier weicht Schiller in seiner Theorie von Kant ab. In den Kallias-Briefen schreibt er am 8. Februar 93 an Körner:

„Ich vermute, Du wirst aufgucken, dass Du die Schönheit unter der Rubrik der theoretischen Vernunft nicht findest [...] sie ist gewiß nicht bei der theoretischen Vernunft anzutreffen, weil sie von Begriffen schlechterdings unabhängig ist; [...] und [da] es außer

---

[1] Kant: Kritik der Urteilskraft, S. 21. Die digitale Bibliothek der Philosophie, S. 28664 (vgl. Kant-W Bd. 10, S. 85)

[2] Kant: Kritik der Urteilskraft, S. 24. Die digitale Bibliothek der Philosophie, S. 28667 (vgl. Kant-W Bd. 10, S. 87)

[3] Kant: Kritik der Urteilskraft, S. 26. Die digitale Bibliothek der Philosophie, S. 28669 (vgl. Kant-W Bd. 10, S. 89)

der theoret(ischen) V(ernunft) keine andere als die praktische gibt, so werden wir sie hier wohl suchen müssen, und auch finden."[4]

Für Schiller gibt es zwei Gründe, die ihn veranlassen, die Schönheit in der praktischen Vernunft zu suchen. Er stimmt zum einen mit Kant in der Feststellung überein, dass das Schöne ohne Begriff gefalle.[5] Wenn es nun also von Begriffen unabhängig ist, dann gibt es für Schiller keinen Grund, weshalb Schönheit der theoretischen Vernunft zugeordnet werden sollte. Ein zweiter Punkt ist Schillers Forderung nach einer Verbindung zwischen Schönheit und Freiheit. Für ihn ist Freiheit oder Freiheitsähnlichkeit die wahre Bedingung für Schönheit. Für den Freiheitsgedanken ist jedoch in der theoretischen Vernunft, die ja einzig und allein auf Naturbegriffen beruht und deshalb dem Kausalitätsprinzip unterworfen ist, kein Platz. Kant siedelt die Freiheit allein in der praktischen Vernunft an, wo sie das Wollen und das Handeln regiert. Wenn Schiller eine notwendige Verbindung zwischen der Schönheit und der Freiheit sucht, so muss er demnach für letztere Platz schaffen, indem er die Kantische Dreiteilung der obersten Erkenntnisvermögen aufhebt und sie durch den bloßen Dualismus von theoretischer und praktischer Vernunft ersetzt, indem er das bei Kant noch weitgehend selbständige dritte Vermögen, die Urteilskraft, ganz anders als dieser, den Gesetzen der praktischen Vernunft unterstellt. In welcher Beziehung aber steht die Idee der Freiheit zur Schönheit? Und wie kann sich Freiheit in der Welt der Erscheinung äußern, wo sie doch ein reiner Verstandesbegriff ist?

3 Schillers ästhetisches Modell

Schiller stellt nun eine Untersuchung über die Struktur des ästhetischen Gegenstandes an. Sein Ziel ist es, die Analogie dieser Struktur zu der Idee der Freiheit zu beweisen. Das objektive Merkmal des schönen Gegenstandes liegt ihm zufolge nicht in seiner Materie, sondern in seiner Form. Diese Form aber wird von der praktischen Vernunft, dem Sitz der

---

[4] Schiller, Friedrich: *Kallias oder über die Schönheit. Fragment aus dem Briefwechsel zwischen Schiller und Körner.* In: *Friedrich Schiller. Kallias oder über die Schönheit. Über Anmut und Würde.* Bibl. Ergänzte Auflage 1994. Hg. Klaus L. Berghahn, Ditzingen: Reclam. 1999. S.15

[5] „Nun hat Kant darin offenbar recht, dass er sagt, das Schöne gefalle ohne Begriff;" Brief vom 8. Februar 93 an Körner In: Schiller, Friedrich: *Kallias oder über die Schönheit. Fragment aus dem Briefwechsel zwischen Schiller und Körner.* In: *Friedrich Schiller. Kallias oder über die Schönheit. Über Anmut und Würde.* Bibl. Ergänzte Auflage 1994. Hg. Klaus L. Berghahn, Ditzingen: Reclam. 1999. S.11
„Das Schöne ist das, was ohne Begriffe, als Objekt eines allgemeinen Wohlgefallens vorgestellt wird"
Kant: Kritik der Urteilskraft, S. 74. Die digitale Bibliothek der Philosophie, S. 28717 (vgl. Kant-W Bd. 10, S. 124)

Urteilskraft also, deshalb als schön empfunden, weil sie ihre eigene Form widerspiegelt. Was ist also die Form der praktischen Vernunft? Um Schillers Argumentationslinie zu verstehen, wollen wir uns zuerst verdeutlichen, wie er die Schönheit auf die praktische Vernunft zurückführt, indem er versucht, deren Funktionsweise zu analysieren.[6] Er erkennt zwei Hauptfunktionen, die jeweils der theoretischen bzw. der praktischen Vernunft zugeordnet werden können: „Die Vernunft verbindet entweder Vorstellung mit Vorstellung zur Erkenntnis (theoretische Vernunft), oder sie verbindet Vorstellungen mit dem Willen zur Handlung (praktische Vernunft)."[7] Dabei erkennt er für die theoretische Vernunft wiederum zwei Unterfunktionen: eine konstitutive, die gesetzgebend wirkt, und eine regulative, die lediglich eine „als ob" - Beziehung herstellt. Aufgrund einer Symmetrievorstellung kommt Schiller zu dem Schluss, dass wohl auch in der praktischen Vernunft eine regulative Funktion vorhanden sein muss. Nun definiert er das Erkennen als eine Übereinstimmung mit der Form der theoretischen Vernunft. Was ist nun das Ergebnis von einem Handeln im Einklang mit der Form der praktischen Vernunft? Das freie Handeln. Damit glaubt Schiller also das Prinzip, oder die Form, der praktischen Vernunft erkannt zu haben, nämlich das Prinzip der Freiheit. Die Selbstbestimmung gilt ihm als oberstes Prinzip. Die „neu-entdeckte" Funktion der praktischen Vernunft gibt jetzt der Urteilskraft Raum, die dann als eine regulative Funktion eine als-ob-Relation fordert. Das Geschmacksurteil wird etwas als schön empfinden, wenn es der Form praktischen Vernunft entspricht. Die Form der praktischen Vernunft aber ist laut Schiller die Idee des freien Handelns, also der Autonomie. Daraus schließt er, dass folglich jeder Gegenstand schön ist, der so scheint, als ob (regulativ) er frei wäre.

Wie kann nun ein Gegenstand frei erscheinen? Nur dadurch, dass die Vernunft die Autonomie in den Gegenstand „hineindenkt". Daraus wird ersichtlich, dass Schiller noch in einem weiteren Punkt nicht mit Kant übereinstimmt. Während Kant sowohl den Verstand als auch die Vernunft von dem Geschmacksurteil ausgeschlossen haben will, da er jenes als vor jeglicher Erkenntnis liegend bezeichnet, so kann für Schiller das Gefühl nicht das einzige Kriterium der Beurteilung des Schönen sein. Denn sowohl die Vernunft, als auch der Verstand haben am Prozess des ästhetischen Urteils teil. „Sie [die praktische Vernunft] leiht dem Gegenstande (regulativ, und nicht, wie bei der moralischen

---

[6] nach Latzel, Sigbert: *Die ästhetische Vernunft. Bemerkungen zu Schillers „Kallias" mit Bezug auf die Ästhetik des Jahrhunderts.* In: *Literaturwissenschaftliches Jahrbuch* (Görresgesellschaft) N.F. 2 (1961), S. 31 – 40. In: *Friedrich Schiller. Zur Geschichtlichkeit seines Werkes.* (1975) Hg. Klaus L. Berghahn. Kronberg: Scriptor Verlag GmbH & Co KG. S. 247

[7] Schiller, Friedrich: Brief an Körner vom 8.Feb. 93. In: In: *Friedrich Schiller. Kallias oder über die Schönheit. Über Anmut und Würde.* Bibl. Ergänzte Auflage 1994. Hg. Klaus L. Berghahn, Ditzingen: Reclam. 1999. S. 13

Beurteilung, konstitutiv) ein Vermögen, sich selbst zu bestimmen, einen Willen, und betrachtet ihn als dann unter der Form dieses *seines* Willens (ja nicht ihres Willens, denn sonst würde das Urteil ein moralisches werden)."[8] Das ästhetische Urteil kann als eine Projektion der Subjektivität in den Gegenstand aufgefasst werden. Damit also gelangt Schiller zu seinem berühmten Ausspruch: „Schönheit also ist nichts anders als Freiheit in der Erscheinung."[9] In seiner Schrift *Über Anmut und Würde* formuliert er den Prozess des ästhetischen Urteils noch deutlicher: man soll sich erinnern, „daß es zweierlei Arten gibt, wodurch Erscheinungen Objekte der Vernunft werden und Ideen ausdrücken können. Es ist nicht immer nötig, daß die Vernunft diese Ideen aus den Erscheinungen herauszieht; sie kann sie auch in dieselben hineinlegen. In beiden Fällen wird die Erscheinung einem Vernunftbegriff adäquat sein, nur mit dem Unterschied: daß in dem ersten Fall die Vernunft ihn schon objektiv darin findet […]; dass sie hingegen in dem zweiten Fall […] etwas bloß Sinnliches übersinnlich behandelt. […] Ich brauche nicht zu sagen, dass ich jenes von der Vollkommenheit, dieses von der Schönheit verstehe."[10] Damit wird nun auch klar, dass Schiller den Prozess, der bei dem ästhetischen Urteil stattfindet, als einen eigenständigen betrachtet. An diesem Prozess ist die Vernunft im Gegensatz zu Kants Auffassung sehr wohl beteiligt. Allerdings nicht in dem Sinne, dass sie einen Begriff mit dem Gegenstand direkt verbindet, sondern dadurch, dass sich der Gegenstand im Einklang mit der Vernunft befindet. Das heißt also, die Vernunft wird durch eine objektive Beschaffenheit des Gegenstandes dazu angeregt, einen subjektiven Gebrauch von ihm zu machen, also sich selbst darin zu erkennen.

„Freilich ist die Vernunft nötig, um von dieser objektiven Eigenschaft der Dinge gerade einen solchen Gebrauch zu machen, wie bei dem Schönen der Fall ist. Aber dieser subjektive Gebrauch hebt die Objektivität des Grundes nicht auf, denn auch mit dem Vollkommenen, mit dem Guten und mit dem Nützlichen hat es dieselbe Bewandtnis, ohne daß darum die Objektivität dieser Prädikate weniger gegründet wäre. Freilich wird der Begriff der Freiheit selbst, oder das Positive, von der Vernunft erst in das Objekt hineingelegt, indem sie dasselbe unter der Form des Willens betrachtet; aber das Negative dieses Begriffs gibt die Vernunft dem Objekte nicht, sondern sie findet es in dem selben schon vor."[11]

---

[8] Schiller, Friedrich: Brief an Körner vom 8.Feb. 93. In: In: *Friedrich Schiller. Kallias oder über die Schönheit. Über Anmut und Würde.* Bibl. Ergänzte Auflage 1994. Hg. Klaus L. Berghahn, Ditzingen: Reclam. 1999. S. 16

[9] Schiller, Friedrich: Brief an Körner vom 8.Feb. 93. In: In: *Friedrich Schiller. Kallias oder über die Schönheit. Über Anmut und Würde.* Bibl. Ergänzte Auflage 1994. Hg. Klaus L. Berghahn, Ditzingen: Reclam. 1999. S. 18

[10] Schiller: Über Anmut und Würde, S. 16. Digitale Bibliothek Sonderband: Meisterwerke deutscher Dichter und Denker, S. 41064 (vgl. Schiller-SW Bd. 5, S. 441)

[11] Schiller, Friedrich: Brief an Körner vom 23.Feb. 93. In: In: *Friedrich Schiller. Kallias oder über die Schönheit. Über Anmut und Würde.* Bibl. Ergänzte Auflage 1994. Hg. Klaus L. Berghahn, Ditzingen: Reclam. 1999. S. 44

Schiller glaubt, er habe damit die Objektivität des Schönen bewiesen, dass er es mit den Begriffen des Guten, des Nützlichen etc. vergleicht, die objektiv gültig seien. Aber sind sie das wirklich? Stellt er in Wirklichkeit nicht auch deren Objektivität in Frage? Eine Antwort würde vielleicht eine Analytik der Beschaffenheit der schönen Gegenstände liefern. Die jedoch bleibt unvollendet.

Nichtsdestotrotz hält Schiller, allerdings sehr holprig, ebenfalls daran fest, dass das Schöne ohne Begriff gefalle. „Nun hat Kant darin offenbar recht, dass er sagt, das Schöne gefalle ohne Begriff"[12] denn dieser impliziert den Einsatz des Verstandes und würde damit das freie Spiel der beiden Erkenntnisvermögen in Harmonie stören. Schiller wendet hier ein, dass es einen Unterschied mache, „ob ein Gegenstand durch einen Begriff gefalle, oder ob er nach einem Begriff beurteilt werde."[13] Die Schwierigkeit besteht darin, die Unabhängigkeit der Schönheit von Begriffen zu erhalten, obwohl die schönen Gegenstände eben einen solchen reflektieren sollen: die Idee der Autonomie ist schließlich nichts anderes. Sie muss also symbolisch dargestellt werden, wenn die Vernunft angeregt werden soll, die Vorstellung von ihr zu entwickeln. Schiller führt seine grundlegende Argumentationslinie im folgenden sehr komplex und widersprüchlich aus. Dennoch soll hier versucht werden, sie zu verdeutlichen.

Autonomie kann laut Schiller nicht erscheinen, weil es ein bloßer Begriff ist. Dennoch muss der schöne Gegenstand in sich Merkmale tragen, die uns veranlassen, den Gegenstand als frei und selbstbestimmt anzusehen. Schiller schließt daraus, dass er auf der einen Seite regelmäßig sein muss, auf der anderen Seite aber darf er unserer Vernunft keinerlei Anlass geben, eine Veranlassung für die Regel außerhalb des Gegenstandes zu suchen und damit die Kategorie Von-außen-bestimmt anzuwenden. Es soll *regelfrei erscheinen*. Auf diese Weise, so Schiller, scheint es, als ob die Regelmäßigkeit von der Erscheinung selbst gegeben ist. „Eine Form erscheint also als frei, sobald wir den Grund derselben weder außer ihr finden noch außer ihr zu suchen veranlaßt werden."[14] Würden wir nämlich dazu veranlasst, den Grund zu suchen, dann fände der Verstand ihn außerhalb

---

[12] Schiller, Friedrich: Brief an Körner vom 8.Feb. 93. In: In: *Friedrich Schiller. Kallias oder über die Schönheit. Über Anmut und Würde*. Bibl. Ergänzte Auflage 1994. Hg. Klaus L. Berghahn, Ditzingen: Reclam. 1999. S. 12

[13] Latzel, Sigbert: *Die ästhetische Vernunft. Bemerkungen zu Schillers „Kallias" mit Bezug auf die Ästhetik des 18.Jahrhunderts*. In: *Literaturwissenschaftliches Jahrbuch* (Görresgesellschaft) N.F. 2 (1961), S. 31 – 40. In: *Friedrich Schiller. Zur Geschichtlichkeit seines Werkes*. (1975) Hg. Klaus L. Berghahn. Kronberg: Scriptor Verlag GmbH & Co KG. S. 245

[14] Schiller, Friedrich: Brief an Körner vom 18.Feb. 93. In: In: *Friedrich Schiller. Kallias oder über die Schönheit. Über Anmut und Würde*. Bibl. Ergänzte Auflage 1994. Hg. Klaus L. Berghahn, Ditzingen: Reclam. 1999. S. 26

des Gegenstandes und verhielte sich so als eine Bestimmung von außen, als ein Zwang gegen ihn.

Wie kann der Gegenstand nun gleichzeitig regelmäßig sein, aber regelfrei erscheinen? An dieser Stelle ist eine Definition der Technik notwendig, die Schiller von der Schönheit streng unterschieden haben will. „Eine Form, welche auf eine Regel deutet […], heißt kunstmäßig oder technisch."[15] Die Technik versteht Schiller in diesem Sinn lediglich als Mittel, das Freiheit in der Erscheinung darstellen kann. In seiner Abhandlung *Über Anmut und Würde* definiert Schiller die Technik in Gegenüberstellung zur architektonischen Schönheit so: Bei der menschlichen Bildung ist die Technische Vollkommenheit „das System der Zwecke selbst […], so wie sie sich untereinander zu einem obersten Endzweck vereinigen." [16] Vollkommenheit schließt also Zweckmäßigkeit mit ein. Aber Vollkommenheit, oder Zweckmäßigkeit sind noch kein Garant für Schönheit und nur dann schön, wenn sich die Idee der Freiheit darin widerspiegelt. Ein Vernunftwesen ist dann frei, wenn es sich nach seinem freien Willen selbst bestimmt, sein oberster Endzweck ist das vernunftmäßige Sein.

„Reine Selbstbestimmung überhaupt ist Form der praktischen Vernunft. Handelt also ein Vernunftwesen, so muss es aus reiner Vernunft handeln, wenn es reine Selbstbestimmung zeigen soll. Handelt ein bloßes Naturwesen, so muss es aus reiner Natur handeln, wenn es reine Selbstbestimmung zeigen soll; denn das Selbst des Vernunftwesens ist Vernunft, das Selbst des Naturwesens ist Natur."[17]

Auf den schönen Gegenstand übertragen bedeutet dies also, wenn die Technik durch die Natur der Dinge selbst bestimmt ist und eine Einheit zwischen Freiheit und Notwendigkeit besteht, dann erscheint der Gegenstand als selbstbestimmt. „Was ist also Autonomie in der Technik? Sie ist die reine Zusammenstimmung des innern Wesens mit der Form, *eine Regel, die von dem Dinge selbst zugleich befolgt und gegeben ist.*"[18] Es ist also eine Art doppelte Autonomie, in dem Sinne, dass der ästhetische Gegenstand autonom gegenüber äußeren Einflüssen erscheint, gleichzeitig aber eine innere Organisation besitzt, die durch ihn selbst gegeben ist, das heißt: Er ist sowohl selbst bestimmend als auch selbstbestimmt.

---

[15] Schiller, Friedrich: Brief an Körner vom 23.Feb. 93. In: In: *Friedrich Schiller. Kallias oder über die Schönheit. Über Anmut und Würde*. Bibl. Ergänzte Auflage 1994. Hg. Klaus L. Berghahn, Ditzingen: Reclam. 1999. S. 36

[16] Schiller: Über Anmut und Würde, S. 11. Digitale Bibliothek Sonderband: Meisterwerke deutscher Dichter und Denker, S. 41059 (vgl.Schiller-SW Bd. 5, S. 438)

[17] Schiller, Friedrich: Brief an Körner vom 8.Feb. 93. In: In: *Friedrich Schiller. Kallias oder über die Schönheit. Über Anmut und Würde*.Bibl. Ergänzte Auflage 1994. Hg. Klaus L. Berghahn, Ditzingen: Reclam. 1999. S. 17

[18] Schiller, Friedrich: Brief an Körner vom 23.Feb. 93. In: In: *Friedrich Schiller. Kallias oder über die Schönheit. Über Anmut und Würde*. Bibl. Ergänzte Auflage 1994. Hg. Klaus L. Berghahn, Ditzingen: Reclam. 1999. S. 43

Das bezeichnet Schiller als *Heautonomie*. *Autonomie in der Technik* ist demnach das, was er als *Freiheit in der Erscheinung* bezeichnet. Damit ist aber für Schiller die Zweckmäßigkeit durchaus mit der Schönheit vereinbar, wenn nicht sogar in den meisten Fällen Voraussetzung für ein ästhetisches Wohlgefallen. Er differenziert zwischen Schönheit und Vollkommenheit folgendermaßen: Das Vollkommene ist für ihn unter den Begriff der Technik und damit unter die Zweckmäßigkeit zu fassen. Zweckmäßigkeit allein aber genügt nicht, um einen Gegenstand als schön empfinden zu können.

„Das Vollkommene dargestellt mit Freiheit, wird sogleich in das Schöne verwandelt. Es wird aber mit Freiheit dargestellt, wenn die Natur des Dinges mit seiner Technik zusammenstimmend erscheint, wenn es aussieht, als wenn diese aus dem Dinge selbst freiwillig hervorgeflossen wäre. […] Vollkommen ist ein Gegenstand, wenn alles Mannigfaltige an ihm zur Einheit seines Begriffs übereinstimmt; schön ist er, wenn seine Vollkommenheit als Natur erscheint."[19]

Ein schöner Gegenstand kann demnach sehr wohl einen Zweck enthalten; dieser darf aber nicht als solcher bemerkt werden. Er darf also nicht in Materie, sondern nur aufgehoben in reiner Form erscheinen. Er kritisiert die Unterscheidung Kants in eine „freie Schönheit (pulchritudo vaga), und eine bloß anhängende Schönheit (pulchritudo adhaerens)."[20] Während die *freie* Schönheit begriffsunabhängig ist und nur durch sich selbst gefällt, setzt die *anhängende* Schönheit eine Vorstellung von dem, was der Gegenstand sein soll, voraus. Letztere ist also durch eine Vorstellung der Zweckmäßigkeit bedingt, und ein Wohlgefallen an ihr ist auf einem Begriff gegründet. Daher ist bei der Betrachtung einer *anhängenden* Schönheit das Geschmacksurteils abhängig von der Verstandestätigkeit und damit eingeschränkt. Das ästhetische Urteil kann folglich nur bei der Betrachtung einer *freien* Schönheit rein sein. Schiller merkt dazu an: „Ich finde, dass seine [Kants] Bemerkung den großen Nutzen haben kann, das Logische von dem Ästhetischen zu scheiden, aber eigentlich scheint sie mir doch den Begriff der Schönheit völlig zu verfehlen. Denn eben darin zeigt sich die Schönheit in ihrem höchsten Glanze, wenn sie die logische Natur ihres Objektes überwindet."[21] Der schöne Gegenstand ist nach Schiller also um so schöner, wenn er zwar das Prinzip der Zweckmäßigkeit beinhaltet, dieses sich jedoch nicht in das Bewusstsein des Betrachters drängt. „Ich bin wenigstens überzeugt, dass die Schönheit nur

---

[19] Schiller, Friedrich: Brief an Körner vom 23.Feb. 93. In: In: *Friedrich Schiller. Kallias oder über die Schönheit. Über Anmut und Würde*. Bibl. Ergänzte Auflage 1994. Hg. Klaus L. Berghahn, Ditzingen: Reclam. 1999. S. 47

[20] Kant: Kritik der Urteilskraft, S. 108. Die digitale Bibliothek der Philosophie, S. 28751 (vgl. Kant-W Bd. 10, S. 146)

[21] Schiller, Friedrich: Brief an Körner vom 25. Jan. 93. In: In: *Friedrich Schiller. Kallias oder über die Schönheit. Über Anmut und Würde*. Bibl. Ergänzte Auflage 1994. Hg. Klaus L. Berghahn, Ditzingen: Reclam. 1999. S. 6/7

eine Form der Form ist und dass das, was man ihren Stoff nennt, schlechterdings ein geformter Stoff sein muss. Die Vollkommenheit ist die Form eines Stoffes, die Schönheit hingegen ist die Form dieser Vollkommenheit."[22]

Mit anderen Worten: die Schönheit zeigt sich als Ergebnis eines Widerstreites zwischen Kräften der Natur und der Freiheit, sie bedeutet den Sieg der *Form* über die *Masse*. Die ästhetische Form kann als Symbol der Freiheit gesehen werden, weil sie den Autonomiegedanken reflektiert. Der Sieg der Form nämlich bedeutet laut Schiller nichts anderes als die Zusammenstimmung von Autonomie als Zweckresistenz und gleichzeitig Heautonomie im Sinne einer scheinbaren Selbstorganisation. Er wendet sich mit seiner Definition der Schönheit entschieden gegen Kants Trennung von subjektiver und objektiver Zweckmäßigkeit. Kant trennt zwischen dem Schönen (subjektiv) und dem Guten, wobei das Gute eine objektive innere Zweckmäßigkeit, das heißt Vollkommenheit des Gegenstandes bezeichnet. Im Gegensatz zu der äußeren Zweckmäßigkeit, der Nützlichkeit, kommt es dem Begriff der Schönheit wesentlich näher, aber nur „wenn sie verworren gedacht wird."[23] Das Gute kann also nur als eine anhängende Schönheit betrachtet werden (pulchritudo adhaerens). Schiller versteht das als eine Abwertung des Guten, des Vollkommenen und des Zweckmäßigen, die alle für ihn schön sein können, sofern sie nur die Idee der Autonomiebeinhalten.

Was er offenbar nicht in Betracht zieht ist der Ansatzpunkt Kants. Denn der wertet nicht den Gegenstand selbst als weniger schön oder vollkommen ab. Sondern er gibt überhaupt keine ästhetische Wertung über dessen Beschaffenheit ab. Seine Aussage gilt einer Analyse des Geschmacksurteils unter erkenntnistheoretischen Gesichtspunkten. Sein Ergebnis ist, dass das Geschmacksurteil niemals rein sein kann, solange sich unter die reine Betrachtung eine Vorstellung der Zweckmäßigkeit mischt. Denn unser Urteil ist dann nicht mehr rein ästhetisch, sondern auch logisch beeinflusst. Die Vorstellung der Zweckmäßigkeit kann bewusst oder unbewusst sein, laut Kant drängt sie sich jedoch auf. Dennoch schließt auch er die Zweckmäßigkeit an einem schönen Gegenstand nicht aus. Er bringt sogar einen ähnlichen Lösungsansatz wie Schiller hervor: Grundsätzlich scheint Zweckmäßigkeit mit Schönheit vereinbar; dann nämlich, wenn wir nur ihre Form, nicht jedoch die Materie (den tatsächlichen Zweck) wahrnehmen:

---

[22] Schiller, Friedrich: Brief an Körner vom 25. Jan. 93. In: In: *Friedrich Schiller. Kallias oder über die Schönheit. Über Anmut und Würde*. Bibl. Ergänzte Auflage 1994. Hg. Klaus L. Berghahn, Ditzingen: Reclam. 1999. S. 6/7

[23] Kant: Kritik der Urteilskraft, S. 104. Die digitale Bibliothek der Philosophie, S. 28747 (vgl. Kant-W Bd. 10, S. 143)

„Die Zweckmäßigkeit kann also ohne Zweck sein, sofern wir die Ursachen dieser Form nicht in einem Willen setzen, aber doch die Erklärung ihrer Möglichkeit, nur indem wir sie von einem Willen ableiten, uns begreiflich machen können. Nun haben wir das, was wir beobachten, nicht immer nötig durch Vernunft (seiner Möglichkeit nach) einzusehen. Also können wir eine Zweckmäßigkeit der Form nach, auch ohne daß wir ihr einen Zweck (als die Materie des nexus finalis) zum Grunde legen, wenigstens beobachten, und an Gegenständen, wiewohl nicht anders als durch Reflexion, bemerken. […] Das Geschmacksurteil hat nichts als die Form der Zweckmäßigkeit eines Gegenstandes (oder der Vorstellungsart desselben) zum Grunde."[24]

So scheint es also, als ob Schillers Ausführungen den Erkenntnissen Kants weniger widersprechen, als vielmehr deren Freiräume ausfüllen. Man darf nicht vergessen, dass Kant von einer anderen Fragestellung ausgeht, als Schiller. Während Kants Interesse den Grenzen der menschlichen Erkenntnis gilt und er das ästhetische Urteil im Hinblick darauf als einen besonderen Erkenntnisvorgang sieht und eine formale Bestimmung in der Theorie anstrebt, will Schiller die praktische Anwendung einer solchen Theorie des Schönen ermöglichen. Beide betrachten die Wahrnehmung des Schönen als einen Prozess im Menschen, wobei Kant seine Aufmerksamkeit ganz dem wahrnehmenden Subjekt widmet, während Schiller auf der Basis von Kants Erkenntnissen die Eigenschaften des als schön empfundenen Objektes zu erkennen versucht. Auch wenn Kant in seinem Subjektivismus ein objektives Schönheitsprinzip für unmöglich erklärt, so ist er doch mit Schiller einig, dass das Schöne allgemein notwendige Komponenten enthalten muss. Schillers erklärtes Ziel ist es nun, ein eben solches objektives Prinzip zu finden. Obwohl seine Argumentation oft widersprüchlich bleibt, sind die gewonnenen Erkenntnisse über das Wesen der Schönheit doch anzuerkennen. In den *Kallias*-Fragmenten legt Schiller den Grundstein für seine Theorie des Schönen, die dann in seine großen theoretischen Schriften einfließt. Besonders wichtig wird die Verknüpfung der Idee der Freiheit mit dem Begriff der Schönheit, durch die Schiller weit über Kant hinausgeht.

4 Schlusswort

Zusammenfassend lässt sich sagen, dass Schillers Theorie des Schönen auf dem Boden von Kants Transzendentalphilosophie gewachsen ist, ohne die sie schlichtweg nicht denkbar wäre und ihr im Wesentlichen verpflichtet bleibt, auch wenn eine solche Spezialisierung

---

[24] Kant: Kritik der Urteilskraft, S. 92 / 93. Die digitale Bibliothek der Philosophie, S. 28736 (vgl. Kant-W Bd. 10, S. 136)

auf die Grundlage Kants anderen Quellen, die ebenfalls einen bedeutenden Einfluss auf Schiller genommen haben nicht gerecht werden mag. Dennoch gibt es einige zentrale Punkte, gegen die sich Schiller explizit oder implizit wendet, die er erweitert oder zu denen er Gegenvorschläge sucht.

Entgegen dem Kantischen Subjektivismus versucht Schiller, wenn auch mit der Methodik eben dieser subjektivistischen Philosophie, ein objektives Prinzip der Schönheit zu entwickeln. Er entwickelt eine Autonomieästhetik und verbindet somit die Idee der Freiheit mit der Schönheit, was ihn zu der Definition führt, dass Schönheit „Freiheit in der Erscheinung" sei. Die Grundlage dieser Verbindung bildet das Kantische Wort: Bestimme Dich aus dir selbst. „Diese große Idee der Selbstbestimmung strahlt uns aus gewissen Erscheinungen der Natur zurück, und diese nennen wir *Schönheit*."[25] In eben dieser Verbindung erweitert er die Reflexionen Kants, der an dem Schönen hauptsächlich unter erkenntnistheoretischem Aspekt interessiert war. Schiller hingegen legt seinen Schwerpunkt weniger auf die Bedingungen menschlicher Erkenntnis, als vielmehr auf die Bedeutung solcher Erkenntnisse für den Menschen als ein Ganzes, für dessen Wollen und Handeln. Schillers anthropologisches Interesse ist es nun auch, was ihn dazu führt, eine Synthese von Moralphilosophie und Ästhetik anzustreben. Innerhalb seiner Abhandlung *Über Anmut und Würde* entwirft er das Ideal der *Schönen Seele* als Alternative zu der rigorosen Pflichtethik Kants. Anstatt einer Herrschaft der Vernunft, die kein Wenn und Aber duldet und keine Rücksicht auf Neigungen oder das Streben nach Glückseligkeit nimmt, aber dafür sittliches Handeln aus Pflicht garantiert, wünscht sich Schiller eine Harmonie der entzweiten, widerstreitenden Kräfte, in der die Pflicht aus Neigung erfüllt wird und daher von einem sittlichen Charakter zeugt.

Die unterschiedlichen Lösungen lassen sich auf der einen Seite aus einem differierenden Menschenbild ableiten. Während Schiller optimistisch an das Gute im Menschen glauben will, hält Kant an einem negativen Bild des Menschen fest, der – nur triebgesteuert – zu einem bösartigen Wesen verkommen würde. Doch nicht nur die Ausgangslage bedingt die Strenge auf der einen und die Milde auf der andern Seite. Schillers Ziel ist die Idee eines ästhetischen Vollendungszustandes im Diesseits, während Kant die Vereinigung von Tugend und Glückseligkeit in seinem Postulat nach einer Unsterblichkeit der Seele als unvereinbar erklärt und in ein Jenseits verweist. Während Kant die Vollendung der Menschheit in der Herrschaft der Vernunft sieht, findet Schiller die Vollendung

---

[25] Schiller, Friedrich: Brief an Körner vom 18.Feb. 93. In: In: *Friedrich Schiller. Kallias oder über die Schönheit. Über Anmut und Würde*. Bibl. Ergänzte Auflage 1994. Hg. Klaus L. Berghahn, Ditzingen: Reclam. 1999. S. 23

menschlichen Daseins in der Vorstellung des Spiels als harmonische Einheit von Sinnlichkeit und Vernunft. Beide jedoch suchen den Schlüssel zu einem gerechten und sittlichen menschlichen Zusammenleben in der Idee der Freiheit und der Selbsteinschränkung. Schiller sagt in seinen *Kallias*-Fragmenten über das Zusammenspiel in der Natur folgendes: „kurz: jedes Einzelne will seinen Willen haben. Wo bliebe aber nun die Harmonie des Ganzen, wenn jedes nur für sich selbst sorgt? Daraus eben geht sie hervor, dass jedes aus innerer Freiheit sich gerade die Einschränkung vorschreibt, die das andere braucht, um seine Freiheit zu äußern."[26] Und darum ist auch „die schöne Sinnenwelt das glücklichste Symbol, wie die moralische sein soll, und jedes schöne Naturwesen außer mir ein glücklicher Bürge, der mir zuruft: Sei frei, wie ich."[27]

---

[26] Schiller, Friedrich: Brief an Körner vom 23.Feb. 93. In: In: *Friedrich Schiller. Kallias oder über die Schönheit. Über Anmut und Würde*. Bibl. Ergänzte Auflage 1994. Hg. Klaus L. Berghahn, Ditzingen: Reclam. 1999. S. 51

[27] Schiller, Friedrich: Brief an Körner vom 23.Feb. 93. In: In: *Friedrich Schiller. Kallias oder über die Schönheit. Über Anmut und Würde*. Bibl. Ergänzte Auflage 1994. Hg. Klaus L. Berghahn, Ditzingen: Reclam. 1999. S. 54

5 Quellenangabe

Primärliteratur:

Kant: *Kritik der praktischen Vernunft*, S. 1 - 309. Die digitale Bibliothek der Philosophie, S. 28233 - 28541 (vgl. Kant-W Bd. 7).

Kant: *Kritik der reinen Vernunft*, S. 1 - 1016. Die digitale Bibliothek der Philosophie, S. 27068 - 28083 (vgl. Kant-W Bd. 3).

Kant: *Kritik der Urteilskraft*, S. 1 - 589. Die digitale Bibliothek der Philosophie, S. 28644 - 29232 (vgl. Kant-W Bd. 10).

Schiller, Friedrich: *Kallias oder über die Schönheit. Fragment aus dem Briefwechsel zwischen Schiller und Körner*. In: *Friedrich Schiller. Kallias oder über die Schönheit. Über Anmut und Würde*. Bibl. Ergänzte Auflage 1994. Hg. Klaus L. Berghahn, Ditzingen: Reclam. 1999.

Schiller, Friedrich: *Über Anmut und Würde*. Digitale Bibliothek Sonderband: Meisterwerke deutscher Dichter und Denker. (vgl. Schiller-SW Bd. 5).

Sekundärliteratur:

Alt, Peter-André: Schiller. Leben – Werk – Zeit. (2000) 2. Bde. München.

Berghahn, Klaus L.: *Nachwort*. In: *Friedrich Schiller. Kallias oder über die Schönheit. Über Anmut und Würde*. Bibl. Ergänzte Auflage 1994. Hg. Klaus L. Berghahn, Ditzingen: Reclam. 1999. S. 157 – 173.

Düsing, Wolfgang: *Ästhetische Form als Darstellung der Subjektivität. Zur Rezeption Kantischer Begriffe in Schillers Ästhetik.* In: *Friedrich Schiller. Zur Geschichtlichkeit seines Werkes.* (1975) Hg. Klaus L. Berghahn. Kronberg: Scriptor Verlag GmbH & Co KG. S. 197 – 241.

Koopmann, Helmut: *Schiller-Handbuch.* (1998) Stuttgart: Kröner.

Latzel, Sigbert: *Die ästhetische Vernunft. Bemerkungen zu Schillers „Kallias" mit Bezug auf die Ästhetik des 18.Jahrhunderts.* In: *Literaturwissenschaftliches Jahrbuch* (Görresgesellschaft) N.F. 2 (1961), S. 31 – 40. In: *Friedrich Schiller. Zur Geschichtlichkeit seines Werkes.* (1975) Hg. Klaus L. Berghahn. Kronberg: Scriptor Verlag GmbH & Co KG. S. 241 – 252.

Zelle, Carsten: *Die doppelte Ästhetik der Moderne: Revisionen des Schönen von Boileau bis Nitzsche.* (1995). Stuttgart; Weimar: Metzler.

BEI GRIN MACHT SICH IHR WISSEN BEZAHLT

- Wir veröffentlichen Ihre Hausarbeit, Bachelor- und Masterarbeit

- Ihr eigenes eBook und Buch - weltweit in allen wichtigen Shops

- Verdienen Sie an jedem Verkauf

Jetzt bei www.GRIN.com hochladen und kostenlos publizieren